# Ecolo Famille

Les parents de Sappho s

Ils sont des hippies depuis 1969 (Il y a une vieille photo dans la cuisine).

Avant, c'était assez intéressant d'avoir des parents hippies, mais maintenant Sappho en a marre:

"Qu'est-ce qu'on mange ce soir?" dit sa mère.

"Je ne sais pas," dit son père (qui fait toujours la cuisine). "Peut-être un gratin de lentilles et des fruits secs?"

"Délicieux!" dit sa mère. "J'adore ça."

"Berk!" dit Sappho. "On ne peut pas aller au Macdo comme tout le monde?"

Un soir, la mère de Sappho écoute de la musique folk sur sa vieille chaîne hi-fi.

Son père regarde une brochure sur les sites préhistoriques.

Sappho s'ennuie. (La famille de Sappho n'a pas de télévision, bien sûr).

Son père dit:

"Alors, qu'est-ce qu'on fait ce week-end?"

"On ne peut pas aller au Parc Fantaisie à Paris? Il paraît que c'est extra," dit Sappho.

"Sappho!" dit sa mère. "Ça suffit!"

"Carnac, en Bretagne, est très intéressant," dit son père.

"Il y a des discos?" demande Sappho.

"Mais non! Ce sont des pierres."

"Comme à Stonehenge en Angleterre. Tu te souviens du festival?" dit sa mère.

"Oui, je m'en souviens," dit Sappho tristement.

"Moi, je veux bien y aller," dit sa mère. "J'ai besoin de sentir l'esprit des pierres!"

"Moi, je n'ai pas envie," dit Sappho.


"Ça te fera du bien," dit son père.

La famille de Sappho n'a pas de voiture, bien sûr. Alors, ils vont à Carnac à bicyclette.

"J'en peux plus!" dit Sappho, après 50 kilomètres.

"Mais respire!" dit sa mère. "Que la pluie est bonne!"

Une fois arrivés à Carnac, ils font un pique-nique: une quiche aux épinards, des saucisses végétariennes, un pâté de lentilles et du jus de carottes.

"Tu ne manges pas?" demande le père de Sappho.

"Je n'ai pas faim."

'Une petite cuillère de yaourt naturel aux pruneaux?"

"Non, merci," dit Sappho. "Il n'y a pas de glace?"

"Tu sais bien que c'est beaucoup trop sucré," dit sa mère.

Après le pique-nique, Sappho met son baladeur.

“Qu’est-ce que tu écoutes, ma chérie?” demande sa mère. “Ma cassette de chant de baleine?”

“Oui, Maman,” dit Sappho, en mettant une autre cassette rock.

Sa mère serre dans ses bras une grosse pierre et commence à chanter à haute voix:

“Oh, Esprit des Pierres! Parle-moi! Touche-moi!”

Son père joue de ses flûtes de Pan.

Sappho s’ennuie.

Tout d’un coup, elle entend une voix:

“Tu t’ennuies aussi?”

Sappho se retourne et voit un homme, ou plutôt une sorte de sorcier.

Il a les cheveux longs, et une barbe, et il porte une robe multicolore.

“Qui es-tu?” demande Sappho.

“Je suis l’Esprit des Pierres. Et je m’ennuie.”

“Mais pourquoi?” demande Sappho.

“J’en ai marre de ces babas cool qui viennent ici tous les ans avec leurs kaftans et leurs ordures biodégradables. Je veux quitter Carnac. Je veux visiter un peu le monde, aller dans les grandes villes.”

“Tu connais le Parc Fantaisie?” dit Sappho.

Sappho explique à l'Esprit des Pierres tout ce qu'il y a à faire au Parc Fantaisie: La Folie, Fantasia, Le Théâtre de l'Imagination, Hollywood, Le Château des Fantômes, L'Auberge de nos Songes, La Création 2000, Les Machines Volantes.

"On peut y aller si tu veux," dit l'homme.

"Mais comment?" dit Sappho.

"Ce n'est pas difficile. Je sais faire un peu de magie."

Et il prononce une formule magique.

"Attends!" dit Sappho. "Je vais laisser un message pour mes parents."

Elle sort une feuille de papier recyclé et elle écrit:

*La vie alternative ne m'intéresse plus. Je vais au Parc Fantaisie. Au revoir!*

Il y a un éclair, puis un coup de tonnerre, et ils disparaissent.

Plus tard dans l'après-midi, la mère de Sappho finit sa méditation. Son père finit son yoga.

"Où est Sappho?" dit sa mère.

"Je ne sais pas," dit son père.

Et ils commencent à chercher partout.

Ils ne trouvent pas Sappho, mais ils trouvent son message.

"Au Parc Fantaisie!!" dit sa mère.

"Ce n'est pas vrai!!" dit son père.

La mère de Sappho commence à pleurer, son père avale un remède homéopathique.

"Qu'est-ce qu'on va faire maintenant?" demande son père.

La mère de Sappho réfléchit.

"Mais on va y aller, bien sûr!" dit-elle, soudain.

"Où ça?" dit son mari.

"Au Parc Fantaisie!"

"Ecoute, ma chérie, c'est loin ... surtout à bicyclette ... et puis, je n'ai pas tellement envie ..."

Mais sa femme ne l'écoute pas. Elle regarde un vieux couple qui fait un pique-nique près de sa voiture. Soudain, elle dit:

"Viens vite! On va y aller en voiture!"

Et elle se précipite vers la voiture du vieux couple.

"Attends!" crie son mari. "Tu ne sais pas conduire!"

Elle saute dans la voiture. Le vieux couple la regarde, stupéfaits.

"Au voleur!!!" dit le monsieur.

"Monte!" dit la mère de Sappho à son mari.

"NON!" dit la vieille dame.

Mais c'est trop tard ...

"J'espère que c'est du sans plomb," dit le père de Sappho un peu plus tard.

"Ça n'a pas d'importance," dit sa mère. "Ça roule vite ...!"

Et elle accélère.

"Tu connais le chemin?" demande son mari.

"Mais bien sûr! On prend l'autoroute, c'est tout."

"L'autoroute! Mais tu sais bien qu'on est contre les autoroutes."

"Je m'en fiche!"

Et la mère de Sappho accélère encore et prend la direction:

AUTOROUTE – PARIS – EST

Après deux cent kilomètres de route, le père de Sappho dit:

“J’ai faim, ma chérie. Tu n’as pas des biscuits aux figues?”

“Non, mais regarde! Il y a une station service!”

Ils s’arrêtent devant la station service et entrent dans la cafétéria. Le père de Sappho demande:

“Excusez-moi, est-ce que vous avez des plats végétariens à emporter?”

Sa femme l’arrête:

“Ecoute. On n’a pas le temps. Je prends deux hamburgers, une portion de frites, deux mousses au chocolat, et un coca.”

“Et moi une pomme,” dit le père.

Deux heures plus tard, ils arrivent au Parc Fantaisie.

“Affreux!” dit le père de Sappho.

“Super!” dit sa mère.



“Alors,” dit son père. “Moi, je cherche par ici, toi tu cherches par là.”

Mais sa femme ne l’écoute pas. Elle est en train d’acheter un petit drapeau américain et une casquette de baseball.

Finalement, le père de Sappho demande:

“Excusez-moi, monsieur. Je cherche notre fille. Elle s’appelle Sappho, elle est Capricorne, donc elle est très ...”

“La-voilà!” crie sa femme. “Sur La Montagne Orageuse.”

Le train de La Montagne Orageuse va partir.

Sappho monte dans un wagon avec son ami, l’Esprit des Pierres.

“Sappho, arrête!” dit son père.

Mais Sappho n’entend pas.

“Vite!” dit-il à sa femme.

"Attends!" dit la mère. "Je vais m'acheter du pop-corn et un coca!"

Le train se met en marche.

"Mais, dépêche-toi!" dit son père à sa mère.

Ils montent dans le wagon suivant.

"Allez! En route!" crie sa mère.

"SAPPHO!" crie son père, mais elle ne l'entend pas.

A la fin du tour, Sappho et le sorcier descendent. Sa mère descend aussi. Son père tombe par terre et commence à vomir.

"SAPPHO!" crie sa mère et elle l'embrasse très fort.

Son père se lèvc, puis retombe.

"Maman," dit Sappho. "Je te présente mon ami, l'Esprit des Pierres."

“Sappho, ne dis pas de bêtises! Allons! Tu te moques de moi!” Et elle l’embrasse encore.

Son père se lève enfin.

“Sappho,” dit-il. “Viens! On va rentrer tout de suite à la maison!”

“Mais non!” dit sa femme. “Sappho, son ami et moi ... on a tout le Parc Fantaisie à visiter!”

# Activités

1. “Une fois arrivés à Carnac, ils font un pique-nique.” La première chose qu’ils mangent, c’est une quiche aux épinards. Sappho n’aime pas ça, mais voici la recette.

Foncer un moule à tarte de 200g de pâte brisée. Battre 2 œufs et mélanger avec 2 décilitres de lait et 2 décilitres de crême fraîche. Ajouter des épinards, du fromage râpé, du sel et du poivre, et verser sur la pâte. Faire cuire au four (au gaz thermomètre 8) pendant 45 minutes. Servir avec des pommes de terre et une petite salade verte. Délicieux!

2. “Sappho se retourne et voit un homme, ou plutôt une sorte de sorcier. Il a les cheveux longs, et une barbe, et il porte une robe multicolore.” Fais le portrait de l’Esprit des Pierres.



3. Tu as visité Disneyland Paris? Tu connais quelqu’un qui l’a visité? Fais des recherches là-dessus. Où est-ce que ça se trouve? Combien de visiteurs y a-t-il chaque année? Est-ce que les Français l’aiment ou pas? Puis après, tu pourrais faire la même chose pour les pierres de Carnac en Bretagne.

# Vocabulaire

**Page 1**

| | |
|---|---|
| Sappho en a marre | Sappho is fed up with it |
| Un gratin de lentilles | a dish made with cheese and lentils |
| Berk! | yuk! |
| On ne peut pas aller ...? | Can't we go ...? |
| Sappho s'ennuie | Sappho is bored |

**Page 2**

| | |
|---|---|
| Il paraît que c'est extra | apparently it's brilliant |
| Ça suffit! | That's enough! |
| J'ai besoin de sentir l'esprit des pierres! | I need to feel the spirit of the stones! |
| Ça te fera du bien | It will do you good |
| J'en peux plus! | I can't go on! |
| Une quiche aux épinards | a spinach quiche |

**Page 4**

| | |
|---|---|
| Chant de baleine | whale song |
| Sa mère serre dans ses bras | her mother is hugging |
| A haute voix | at the top of her voice |

**Page 5**

| | |
|---|---|
| Ou plutôt | or rather |
| Ces babas cool | these ageing hippies |
| Leurs ordures biodégradables | their recyclable waste |

**Page 6**

| | |
|---|---|
| Les machines volantes | flying machines |
| Une feuille | a sheet |
| Un éclair | a flash of lightning |

**Page 7**

| | |
|---|---|
| Son père avale | her father swallows |
| un remède homéopathique | some medecine homeopathic |
| réfléchit | thinks hard |
| Je n'ai pas tellement envie ... | I don't particularly want to ... |

**Page 8**

| | |
|---|---|
| Elle se précipite | she rushes |
| Tu ne sais pas conduire! | You don't know how to drive! |
| Sans plomb | unleaded (petrol) |
| Tu connais le chemin? | Do you know the way? |
| Je m'en fiche! | I don't care! |

**Page 10**

| | |
|---|---|
| A emporter | to take away |
| Affreux! | Dreadful! |
| Par çi ... par là | over here ... over there |
| Sappho n'entend pas | Sappho can't hear |

**Page 11**

| | |
|---|---|
| Le train se met en marche | the train sets off |

**Page 12**

| | |
|---|---|
| A la fin du tour | at the end of the ride |
| Elle l'embrasse très fort | she gives her a big hug |

**Page 13**

| | |
|---|---|
| Ne dis pas de bêtises! | Stop messing around! |
| Tu te moques de moi! | You're making fun of me! |
| On va rentrer tout de suite à la maison | We're all going to go home straight away! |

**Thomas Nelson & Sons Ltd**
Nelson House Mayfield Road
Walton-on-Thames Surrey
KT12 5PL UK

**Nelson Blackie**
Wester Cleddens Road
Bishopbriggs
G64 2NZ UK

**Thomas Nelson Australia**
102 Dodds Street
South Melbourne
Victoria 3205 Australia

**Nelson Canada**
1120 Birchmont Road
Scarborough Ontario
M1K 5G4 Canada



First published by
Thomas Nelson and Sons Ltd 1995



I(T)P Thomas Nelson is an
International Thomson Publishing Company
I(T)P is used under licence

ISBN 0-17-440008–X
NPN 9 8 7 6 5 4 3 2 1



Printed in Hong Kong

Illustration by Frank James